Antonio
VIVALDI

GLORIA
RV 589

Edited by
Clayton Westermann

Vocal Score
Klavierauszug

SERENISSIMA MUSIC, INC.

CONTENTS

1. Gloria in Excelsis (Chorus) 3

2. Et in Terra Pax (Chorus) 12

3. Laudamus Te (Duet for Two Sopranos) 23

4. Gratias Agimus Tibi (Chorus) 29

5. Propter Magnam Gloriam (Chorus) 30

6. Domine Deus (Soprano Solo) 33

7. Domine Fili Unigenite (Chorus) 37

8. Domine Deus, Agnus Dei (Alto and Chorus) 48

9. Qui Tollis (Chorus) 53

10. Qui Sedes ad Dexteram (Alto Solo) 56

11. Quoniam Tu Solus Sanctus (Chorus)... 62

12. Cum Sancto Spiritu (Chorus) 66

ORCHESTRA

2 Oboes (No. 8), Bassoon (opt.), Keyboard
Violin I, Violin II, Viola, Violoncello, Double Bass

GLORIA
1. Gloria in Excelsis

Antonio Vivaldi
Edited by Clayton Westermann

SERENISSIMA MUSIC, INC.

GLO-RI-A, GLO-RI-A, GLO-RI-A,

GLO-RI-A, GLO-RI-A, GLO-RI-A,

GLO-RI-A, GLO-RI-A, GLO-RI-A,

GLO-RI-A, GLO-RI-A, GLO-RI-A,

GLO - RI-A, IN EX - CEL -

GLO-RI-A, IN EX - CEL -

GLO-RI-A, IN EX - CEL -

GLO-RI-A, IN EX - CEL -

SIS DE - O, IN EX - CEL - SIS,
SIS DE - O, IN EX - CEL - SIS,
SIS DE - O, IN EX - CEL - SIS,
SIS DE - O, IN EX - CEL - SIS,
DE - O, GLO - RI - A, GLO - RI - A, GLO - RI -
DE - O, GLO - RI - A, GLO - RI - A, GLO - RI -
DE - O, GLO - RI - A, GLO - RI - A, GLO - RI -
DE - O, GLO - RI - A, GLO - RI - A, GLO - RI -

A, GLO - RI - A, IN EX - CEL - SIS DE -

A, GLO - RI - A, IN EX - CEL - SIS DE -

A, GLO - RI - A, IN EX - CEL - SIS DE -

A, GLO - RI - A, IN EX - CEL - SIS DE -

O, GLO - RI - A,

O, GLO - RI - A,

O, GLO - RI - A,

O, GLO - RI - A,

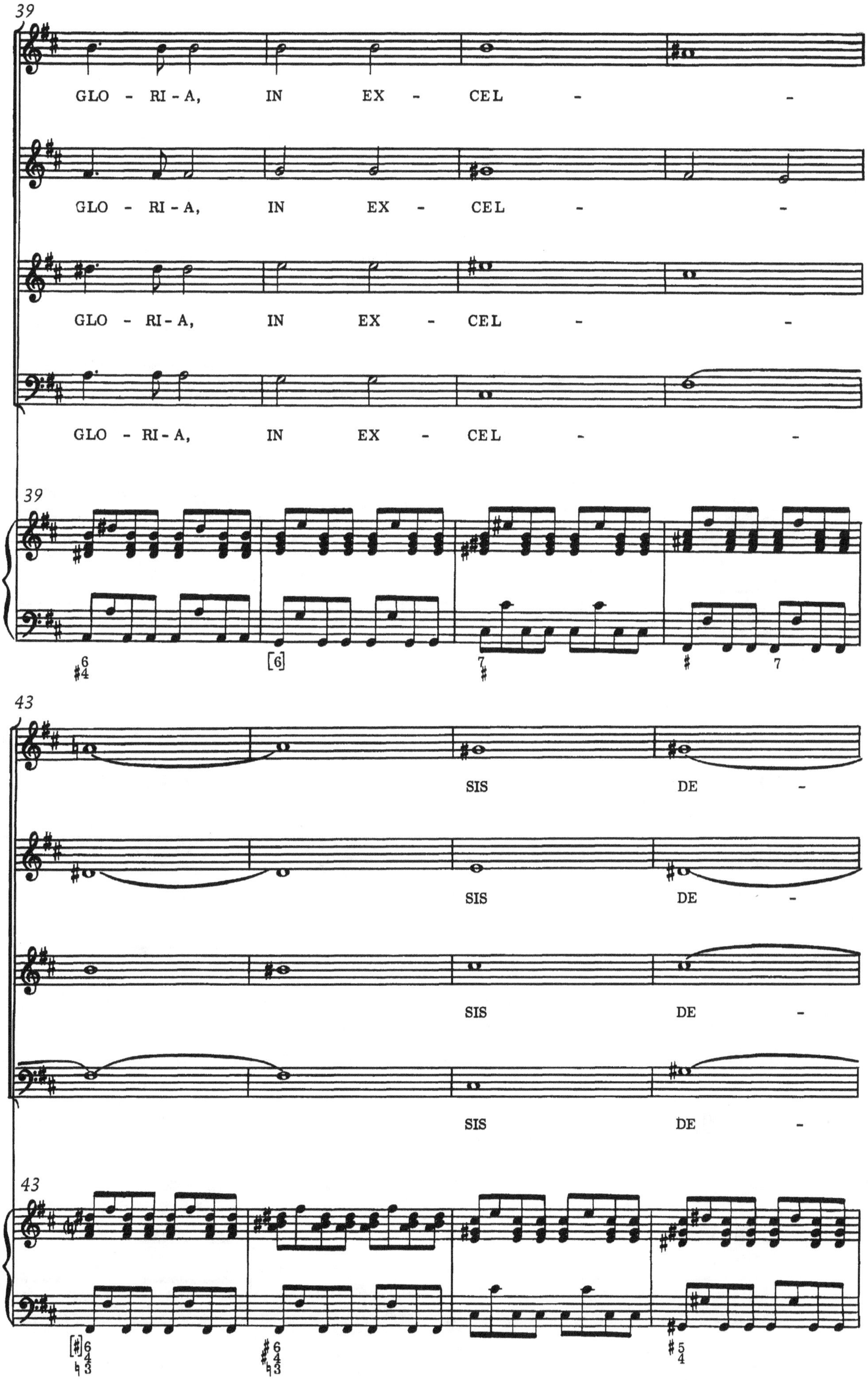
GLO - RI - A, IN EX - CEL - -
SIS DE -

47
O,
O,
O,
O,
47
50
GLO - RI - A IN EX - CEL - SIS, GLO - RI - A IN EX -
GLO - RI - A IN EX - CEL - SIS, GLO - RI - A IN EX -
GLO - RI - A IN EX - CEL - SIS, GLO - RI - A IN EX -
GLO - RI - A IN EX - CEL - SIS, GLO - RI - A IN EX -
50

CEL - SIS DE - O, GLO - RI - A IN EX-

CEL - SIS DE - O, GLO - RI - A IN EX-

CEL - SIS DE - O, GLO - RI - A IN EX-

CEL - SIS DE - O, GLO - RI - A IN EX-

CEL - SIS DE - O,

CEL - SIS DE - O,

CEL - SIS DE - O,

CEL - SIS DE - O,

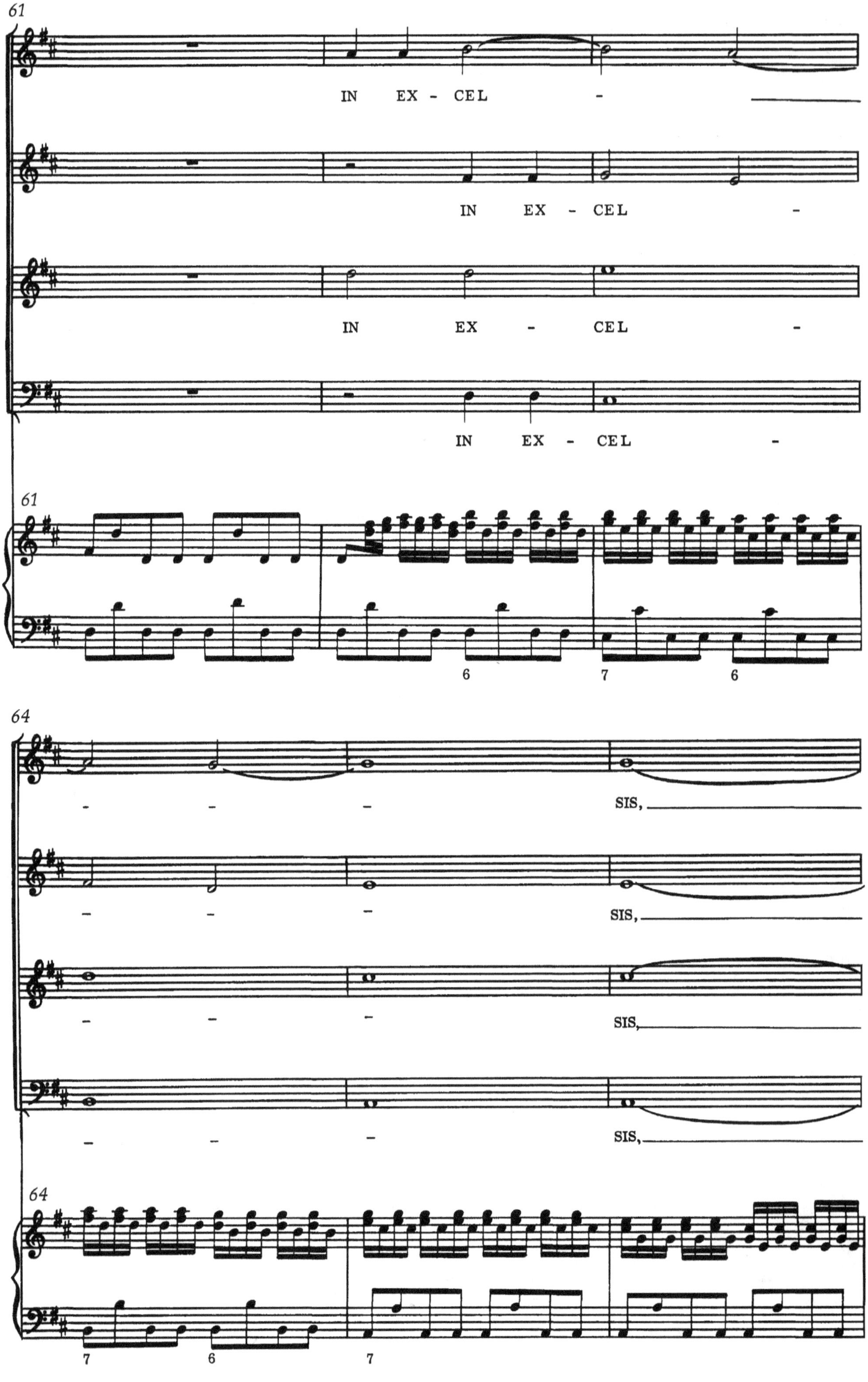
61
IN EX - CEL -
IN EX - CEL -
IN EX - CEL -
IN EX - CEL -
61
6 7 6
64
- - - SIS,
- - - SIS,
- - - SIS,
- - - SIS,
64
7 6 7

GLO - RI -A   IN EX-CEL-SIS DE - O,

GLO - RI -A   IN EX-CEL-SIS DE - O,

GLO - RI -A   IN EX-CEL-SIS DE - O,

GLO - RI -A   IN EX-CEL-SIS DE - O

2. Et in Terra Pax

ET IN TER - RA PAX HO -

ET IN TER - - RA PAX____ HO -

13
ET IN TER - RA PAX HO -
ET IN TER - RA PAX HO -
MI - NI - BUS, BO - NE,
MI - NI - BUS, ET IN TER - RA
13
17
MI - NI - BUS, ET IN TER - RA PAX HO -
MI - NI - BUS, BO - NE, BO - NE
BO - NE VO - LUN -
PAX HO - MI - NI - BUS,
17

14

19559

29
MI - NI-BUS, BO - NE VO - LUN - TA -
MI - NI-BUS, BO - NE, BO - NE VO - LUN - TA -
BO - NE VO - LUN - TA - TIS, ET IN
TA - TIS, BO - NE VO - LUN - TA -
29
7 #
6 4
5 #3
33
TIS,
TIS, ET IN TER - RA PAX HO - MI - NI-BUS
TER - RA PAX HO - MI - NI-BUS,
TIS, PAX HO - MI - NI-BUS,
33
6 3
♮6
6 5
9 #3
8
7

BO - NE VO - LUN - TA -

BO - NE VO - LUN - TA -

BO - NE VO - LUN - TA -

BO - NE VO - LUN - TA -

TIS, ET IN TER - RA PAX HO -

TIS, ET IN TER - RA PAX HO -

TIS,

TIS, ET IN TER - RA

44
MI - NI - BUS, ET IN TER - RA PAX
MI - NI - BUS, ET IN
BO - NE, BO - NE VO -
PAX HO - MI - NI - BUS, BO - NE, BO -
44
48
ET IN TER - RA PAX HO - MI - NI -BUS,
TER - RA PAX HO - MI - NI - BUS, BO - NE VO - LUN - TA - TIS,
LUN - TA - TIS, BO - NE
NE VO - LUN - TA - TIS,
48

PAX HO-MI - NI - BUS, BO - NE VO - LUN - TA - TIS, ET IN

ET IN TER - RA PAX, ET IN TER -

VO - LUN - TA - TIS,

BO - NE VO - LUN TA - TIS,

TER - RA PAX ___ HO - MI - NI- BUS

- RA PAX HO - MI - NI - BUS,

ET IN TER - RA PAX,

BO - NE VO-LUN-TA - - - - -

BO - NE VO-LUN-TA - - -

BO - NE VO-LUN-TA - - -

BO - NE VO-LUN-TA - - - - - -

68
- - TIS,
- - TIS,
- - TIS, ET IN TER - - RA
- - TIS, ET IN TER - RA
68
72
ET IN TER - RA PAX HO -
ET IN TER - RA PAX HO -
PAX HO - MI - NI- BUS, ET IN TER - RA
PAX HO - MI - NI -BUS, ET IN TER - RA
72

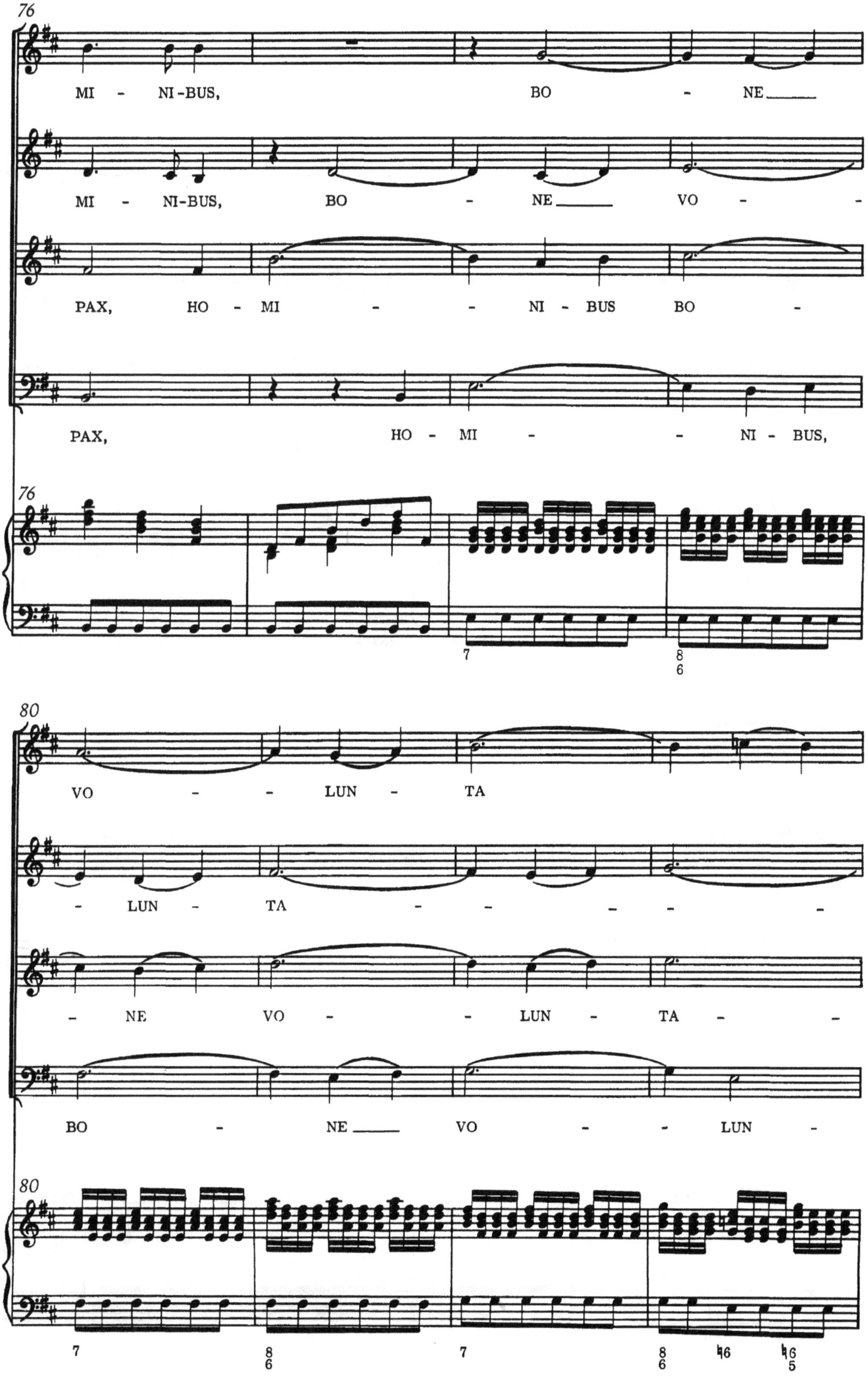
76
MI - NI-BUS, BO - NE
MI - NI-BUS, BO - NE VO -
PAX, HO - MI - - NI - BUS BO -
PAX, HO - MI - - NI - BUS,
76
7
8
6
80
VO - - LUN - TA
- LUN - TA - - - - -
- NE VO - - LUN - TA - -
BO - NE VO - - LUN -
80
7
8
6
7
8
6
♮6
♮6
5

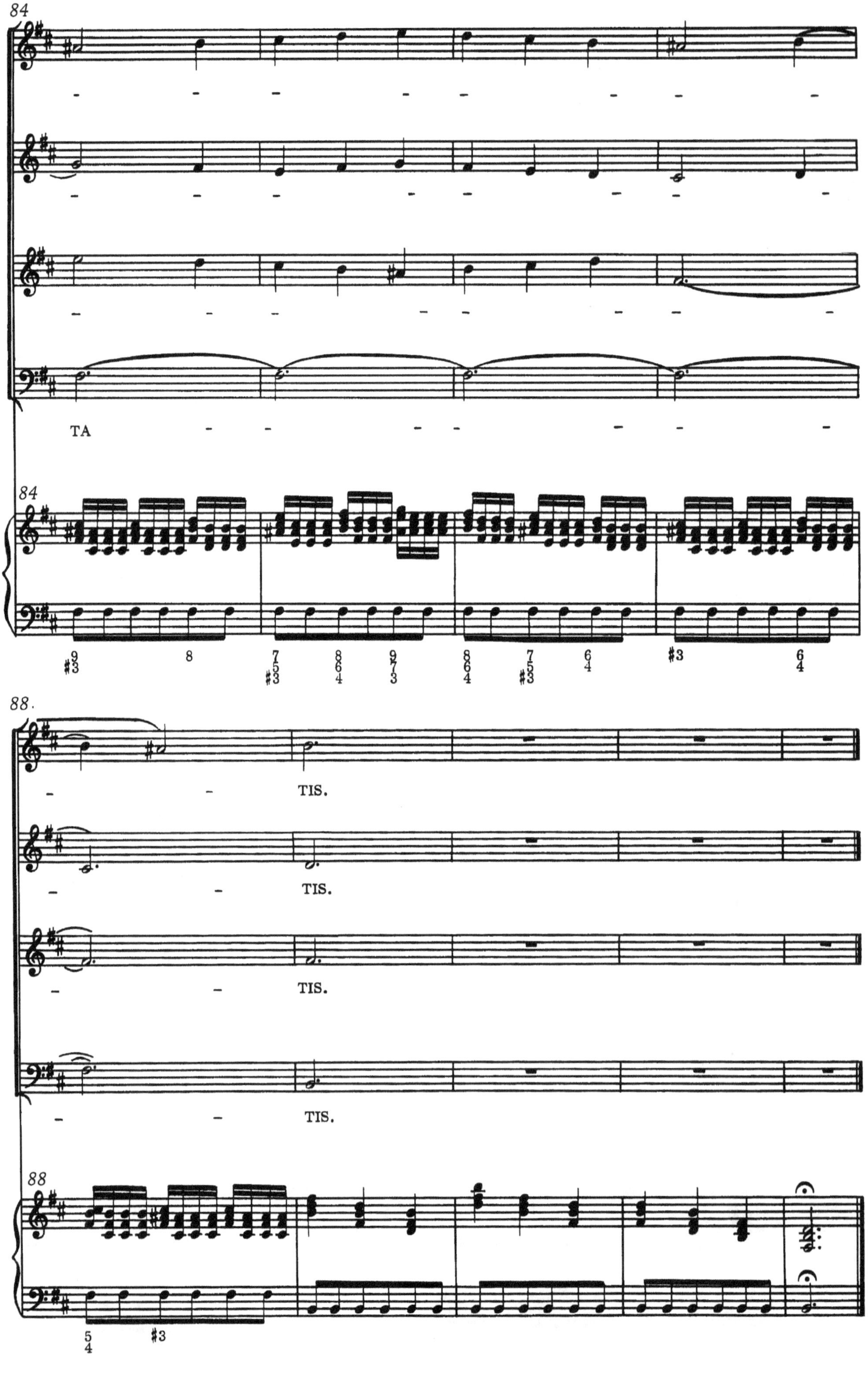

3. Laudamus Te

TE. A - DO - RA - MUS TE, GLO-
BE - NE - DI - CI - MUS TE. A - DO - RA - MUS TE.
RI - FI - CA - - - - - - - -
GLO - RI - FI - CA - - - -
- - - - - MUS TE.
- - - - - MUS TE.
[f]

LAU-DA - MUS TE. BE - NE-
LAU-DA - MUS TE. BE - NE -
DI - CI-MUS TE. A - DO-RA-MUS TE. GLO - RI - FI -
DI - CI-MUS TE. A - DO-RA-MUS TE.
CA
GLO - RI - FI - CA -

56
MUS
MUS
56
5 4
5 3
4 3
4 2
♯3 2
♯4 2
6
7 ♯
♯
62
TE.
A - DO - RA - MUS
TE.
62
♯
♯
♯ ♯
♮7 ♯
68
[tr]
TE. A - DO - RA - MUS TE.
GLO - RI - FI - CA - - - - MUS
3
3
68
♮7
♭7
6 5

TE.
LAU - DA - MUS TE. BE - NE - DI - CI - MUS TE. A - DO -
LAU - DA - MUS TE. BE - NE - DI - CI - MUS TE. A - DO -
RA MUS TE. GLO-RI - FI - CA - MUS TE. A - DO - RA - MUS
RA - MUS TE. GLO-RI - FI - CA - MUS TE. A - DO - RA - MUS

90
TE. A - DO - RA - MUS TE. GLO - RI - FI - CA -
TE. A - DO - RA - MUS TE. GLO - RI - FI -
90
96
- - - - - - - MUS TE.
CA - - - - - - MUS TE.
96
102
GLO - RI - FI - CA - - - - - - MUS TE.
GLO - RI - FI - CA - - - - - - - MUS TE.
102

4. Gratias Agimus Tibi

5. Propter Magnam Gloriam

Allegro

PRO-PTER MA-GNAM GLO — — — — RI-AM,

PRO-PTER MA-GNAM GLO — —

RI - AM, PRO-PTER MA-GNAM GLO — RI-AM,

PRO-PTER MA-GNAM GLO — — — RI-AM

PRO-PTER MA-GNAM GLO — —

PRO- PTER MA - GNAM GLO - - RI - AM,
TU - AM.
PRO-PTER MA - GNAM GLO - RI - AM,
PRO-PTER MA - GNAM GLO - RI - AM,
PRO-PTER MA - GNAM GLO - -
- - - RI - AM,
PRO-PTER MA - GNAM GLO - -
PRO-PTER MA - GNAM GLO - -
PRO - PTER MA - GNAM GLO - - - RI- AM.
- - - RI-AM,
PRO-PTER MA - GNAM GLO - RI -AM.
- - - RI -AM,
PRO - PTER MA GNAM GLO - -

9
- - - RI-AM. PRO-PTER MA-GNAM GLO - RI - AM TU - AM.
PRO-PTER MA -GNAM GLO - RI - AM TU- AM,
GLO - RI - AM TU - AM. PRO-PTER MA-GNAM GLO - RI - AM TU - AM.
- - - RI - AM. PRO-PTER MA-GNAM GLO - RI - AM TU - AM
12
PRO-PTER MA-GNUM GLO - - -
PRO-PTER MA-GNAM GLO - - - -
PRO-PTER MA-GNAM GLO - - - - -
PRO-PTER MA - GNAM GLO - - - -

6. Domine Deus

DO - MI - NE DE - US, REX CE-LES -

TIS, DE - US PA - TER, DE - US PA - -

- TER OM-NI - PO - TENS, DO -

- MI - NE DE - US, REX CE - LES - TIS, DE - US PA - TER,

19
DE - US PA - - - - TER PA-
Continuo
♭6 5 6 6 ♯
22
TER OM-NI - PO-TENS, DO - MI - NE
Ob.
Continuo
7 ♭ ♭7 5 ♭4 3 6 5
25
DE - US, DO - MI- NE DE - US, REX CE-LES- TIS, DE - US PA- TER, DE-US
Ob.
6 5 6 5 6 4 5 3 6 4
28
PA - TER PA - - - TER, PA-
5 3 6 4 5 3 6 4 5 3

TER OM-NI-PO-TENS, PA - - -

Continuo

- - - TER, PA-TER OM-NI-PO-TENS,

(Ob.)

7. Domine Fili Unigenite

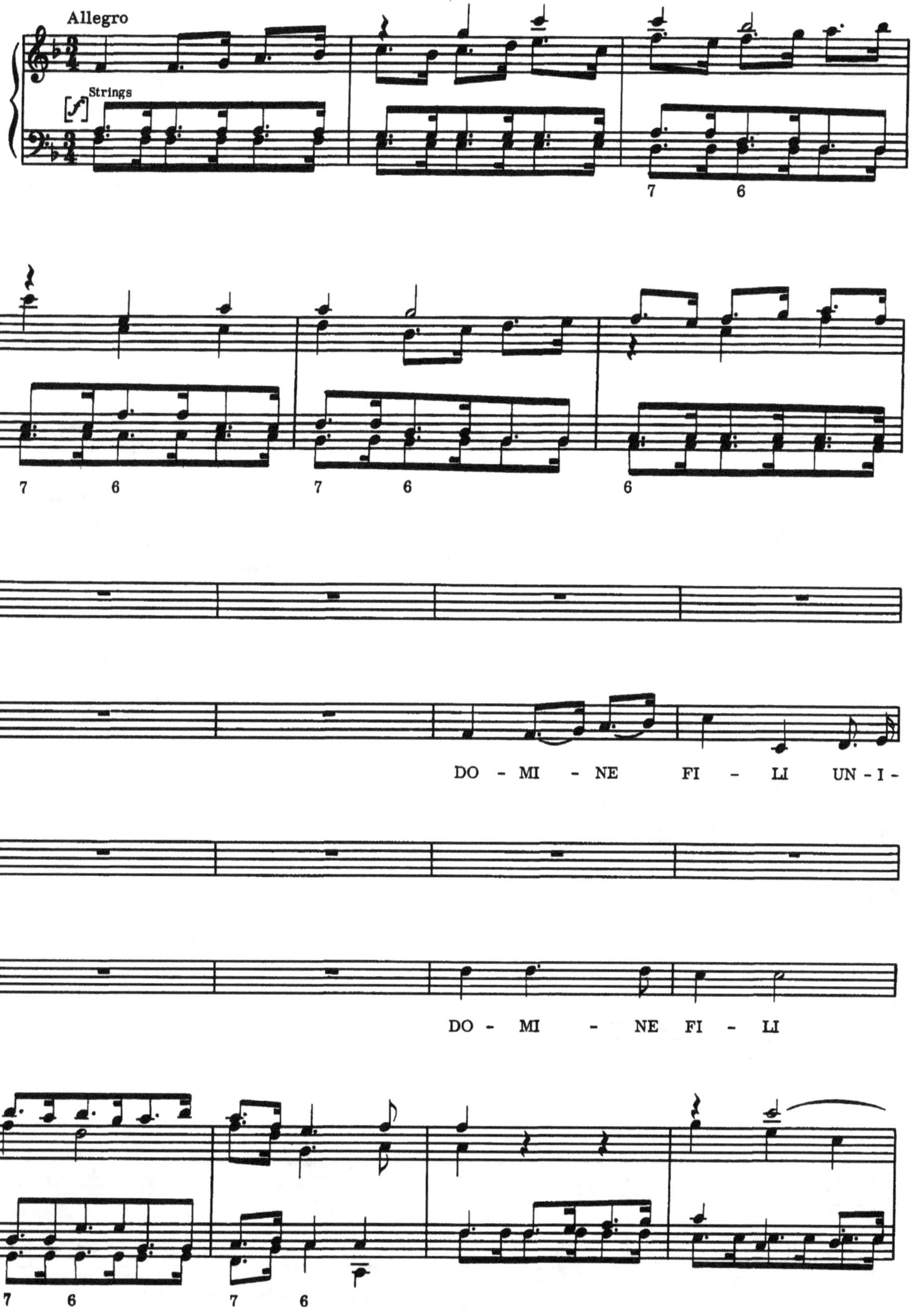

11
GE - NI - TE, JE - - - -
UN - I - GE - NI - TE, JE - -
11
7 6 7 6 7 6 7 6
15
DO - MI - NE -
- - su Chris - te.
DO - MI - NE
- - SU CHRIS - TE.
15
7 6 7

19
FI - LI UN - I - GE - NI - TE, JE - -
FI - LI UN - I - GE - NI - TE, JE -
19
7 6 7 ♮ 6 7 6
23
- - - - SU_ CHRIS - TE.
DO - MI - NE___
- - - SU CHRIS - TE.
DO - MI - NE
23
7 6 ♮6

27
DO - MI - NE FI - LI, UN - I -
FI - - LI, UN - I - GE - NI - TE,
DO - MI - NE FI - LI, DO - MI - NE
FI - LI UN - I - GE - NI - TE, JE - SU UN - I - GE - NI - TE
27
7 6 7 6 7 6
31
GE - NI - TE, UN - I - GE - NI - TE, JE -
UN - I - GE - NI - TE, JE - -
FI - LI, UN - I - GE - NI - TE, JE - -
JE - SU, JE - - -
31
7 6 7 6 7 7 ♮ 6 #4 2

SU _____ CHRIS - TE.

SU _____ CHRIS - TE.

SU _____ CHRIS - TE.

SU _____ CHRIS - TE.

DO - MI - NE FI - LI UN - I -

DO - MI - NE FI - LI UN - I -

DO - MI - NE FI - LI UN - I -

43
GE - NI - TE, DO - MI - NE
DO - MI - NE FI - LI UN - I - GE - NI - TE,
GE - NI - TE, DO - MI - NE
GE - NI - TE, DO - MI - NE FI - LI UN - I - GE - NI - TE,
47
FI - LI UN - I - GE - NI - TE, JE - SU,
DO - MI - NE FI - LI UN - I -
FI - LI UN - I - GE - NI - TE, JE - SU
DO - MI - NE FI - LI UN - I - GE - NI - TE, JE -

51
JE - SU CHRIS - TE.
GE - NI - TE JE - SU CHRIS - TE.
CHRIS - TE. DO - MI - NE - FI - LI UN - I -
SU CHRIS - TE. DO - - MI - NE FI - LI
51
6
4

55
GE - NI - TE, JE - - -
UN - I - GE - NI - TE, JE - -
55
7 ♭6 7 6 7 6 7 6

59
SU CHRIS - TE, DO - MI - NE
SU CHRIS - TE, DO - MI - NE
59
7 6
♭3
♮
63
FI - LI UN - I - GE - NI - TE, JE -
FI - LI UN - I - GE - NI - TE, JE - -
63
7 6 7 7 7 7

67
DO - MI - NE
DO - MI - NE
- - - - - SU CHRIS - TE.
- - - - - SU CHRIS - TE.
67
7 7 6
71
FI - LI, DO - MI - NE FI - LI UN - I -
FI - LI, DO - MI - NE FI - LI UN - I -
DO - MI - NE FI - LI, DO - MI - NE FI - LI UN - I
DO - MI - NE FI - LI, DO - MI - NE FI - LI UN - I -
71
7 7 7 7

75
GE - NI - TE, JE - SU CHRIS - TE,
GE - NI - TE, JE - SU CHRIS - TE,
GE - NI - TE, JE - SU CHRIS - TE,
GE - NI - TE, JE - SU CHRIS - TE,
75
6 5
7 5
6 4
5 3
79
JE - - - - SU
JE - - - SU
DO - MI - NE FI - LI UN - I - GE - NI - TE,
DO - MI - NE FI - LI UN - I - GE - NI - TE,
79
6
7 6
7 6
7

83
CHRIS - TE, JE - -
CHRIS - TE, JE - -
JE - SU CHRIS - TE, DO - MI - NE, FI - LI
JE - SU CHRIS - TE, DO - MI - NE FI - LI
83
7 6 7 6
87
- - - - SU CHRIS - TE.
- - - - SU CHRIS - TE.
UN - I - GE - NI - TE JE - SU CHRIS - TE.
UN - I - GE - NI - TE, JE - SU CHRIS - TE.
87
7 6 7 7

8. Domine Deus, Agnus Dei

13
TRIS, DO - MI - NE_ DE - US REX CE - LES-TIS,
QUI TOL - LIS PEC - CA - TA, QUI
QUI TOL - LIS PEC - CA - TA, QUI
QUI TOL - LIS PEC - CA - TA, QUI
QUI TOL - LIS PEC - CA - TA, QUI
13
Strings
continuo
Str.
16
DO - MI - NE_FI - LI UN-I - GE - NI - TE,
TOL - LIS PEC-CA - TA, QUI TOL - LIS PE-
TOL - LIS PEC-CA - TA, QUI TOL - LIS PE-
TOL - LIS PEC-CA - TA, QUI TOL - LIS PE-
TOL - LIS PE-CA - TA, QUI TOL - LIS PE-
16
Continuo
Strings

DO - MI - NE_ DE - US, DO - MI - NE_ DE - US, A - GNUS

CA - TA,

CA - TA,

CA - TA,

CA - TA,

Continuo

DE-I, FI - LI-US PA - TRIS,

QUI TOL - LIS PEC - CA - TA MUN - DI

QUI TOL - LIS PEC - CA - TA MUN - DI

QUI TOL - LIS PEC - CA - TA MUN - DI

QUI TOL - LIS PEC - CA - TA MUN - DI

Strings

25
MI - SE - RE - RE,
MI - SE - RE - RE,
A - GNUS DE - I,
A - GNUS DE - I,
A - GNUS DE - I,
A - GNUS DE - I,
25
Continuo
Strings
Continuo
7
♯
28
MI - SE - RE - RE NO - BIS,
FI - LI - US PA - TRIS,
FI - LI - US PA - TRIS,
FI - LI - US PA - TRIS,
FI - LI - US PA - TRIS,
28
Strings
Continuo
7
♯
6
5
7 ♯

31
MI - SE - RE - RE
MI - SE - RE - RE, MI - SE - RE - RE,
MI - SE - RE - RE, MI - SE - RE - RE,
MI - SE - RE - RE, MI - SE - RE - RE,
MI - SE - RE - RE, MI - SE - RE - RE,
31
Strings
Continuo
34
NO - BIS,
MI - SE - RE - RE NO - BIS.
MI - SE - RE - RE NO - BIS.
MI - SE - RE - RE NO - BIS.
MI - SE - RE - RE NO - BIS.
34
Strings
Continuo

9. Qui Tollis

PEC - CA - TA MUN - DI, SU - SCI-PE, SU - SCI - PE,

PEC - CA - TA MUN - DI, SU - SCI - PE,

PEC - CA - TA MUN - DI, SU - SCI - PE,

PEC - CA - TA MUN - DI, SU - SCI - PE,

SU - SCI - PE, DE - PRE-CA-TI - O - NEM, DE - PRE - CA - TI-

SU - SCI - PE, DE - PRE-CA-TI - O - NEM, DE - PRE - CA - TI-

SU - SCI - PE, DE - PRE-CA-TI - O - NEM, DE - PRE - CA - TI-

SU -- SCI - PE, DE - PRE-CA-TI - O - NEM, DE - PRE-CA - TI-

13
O - NEM, NOS - TRAM, DE - PRE - CA - TI -
O - NEM NOS - TRAM,
O - NEM NOS - TRAM,
O - NEM NOS - TRAM,
13
[6] 7 ♯ 6 4 5 4 ♯3
17
O - NEM NOS - TRAM.
DE - PRE - CA - TI - O - NEM NOS - TRAM.
DE - PRE - CA - TI - O - NEM NOS - TRAM.
DE - PRE - CA - TI - O - NEM NOS - TRAM.
17
♯ [6] 7 5 6 4 5 4 ♯3 ♯

10. Qui Sedes ad Dexteram

DES   AD DEX - - -TER-AM PA - TRIS,

MI - SE – RE - - - - -

- - -RE,   MI - SE - RE - RE,

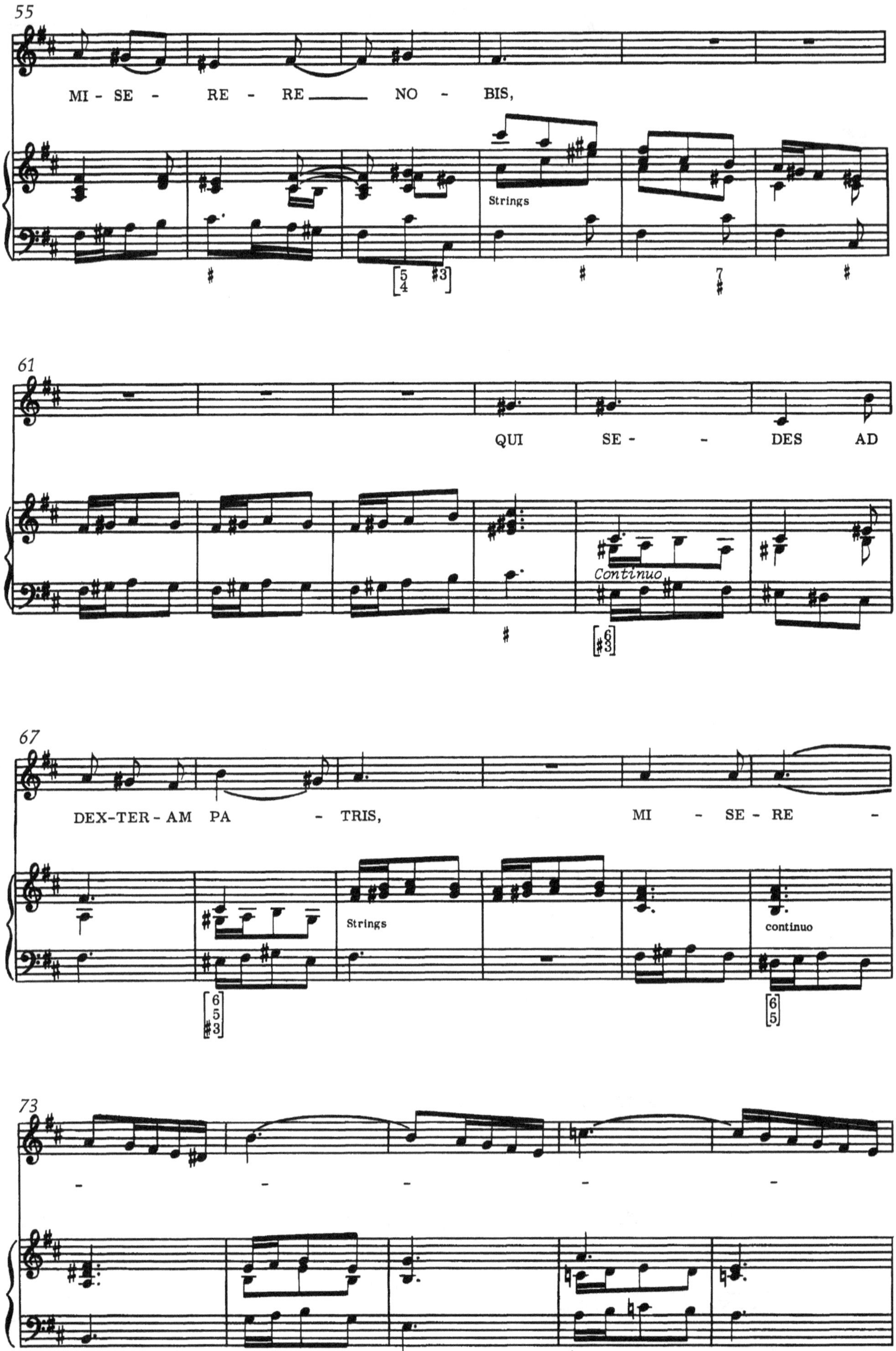
55
MI - SE - RE - RE NO - BIS,
Strings
61
QUI SE - - DES AD
Continuo
67
DEX-TER-AM PA - TRIS,
MI - SE - RE -
Strings
continuo
73

78
RE NO - BIS,
Strings
84
MI - SE - RE - - - -
Continuo
90
- RE NO - BIS,
Strings
96
QUI SE - - - - DES AD
[p]

102
DEX - - TER - AM PA - TRIS, MI - SE - RE - -
Continuo
strings in unison with bass
108
- - - - - - - - - - - RE,
114
MI - SE - RE - RE, MI - SE -
119
RE - RE ______ NO - BIS,
Strings

MI - SE - RE - RE, MI - SE - RE - RE, MI - SE -

Continuo

♮6

RE - RE _____ NO - BIS.

Strings

[♯]

#6

[♯]

♮6 6

♯

[o]

[5/4] [3]

11. Quoniam Tu Solus Sanctus

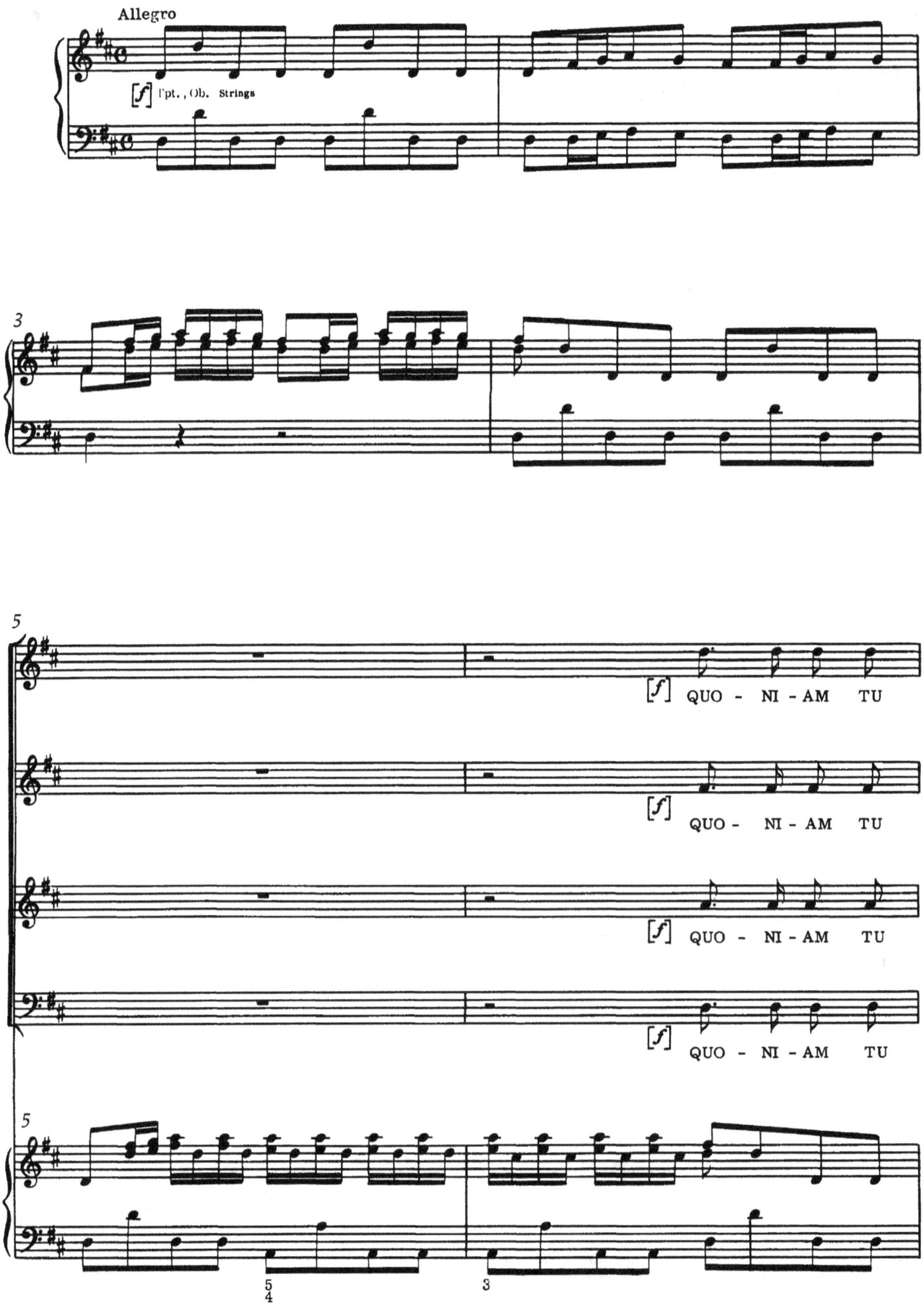

SO - LUS SANC - TUS, QUO - NI - AM TU

SO - LUS SANC - TUS, QUO - NI - AM TU

SO - LUS SANC - TUS, QUO - NI - AM TU

SO - LUS SANC - TUS, QUO - NI - AM TU

SO - LUS SANC - TUS, TU SO - LUS

SO - LUS SANC - TUS TU SO - LUS

SO - LUS SANC - TUS TU SO - LUS

SO - LUS SANC - TUS TU SO - LUS

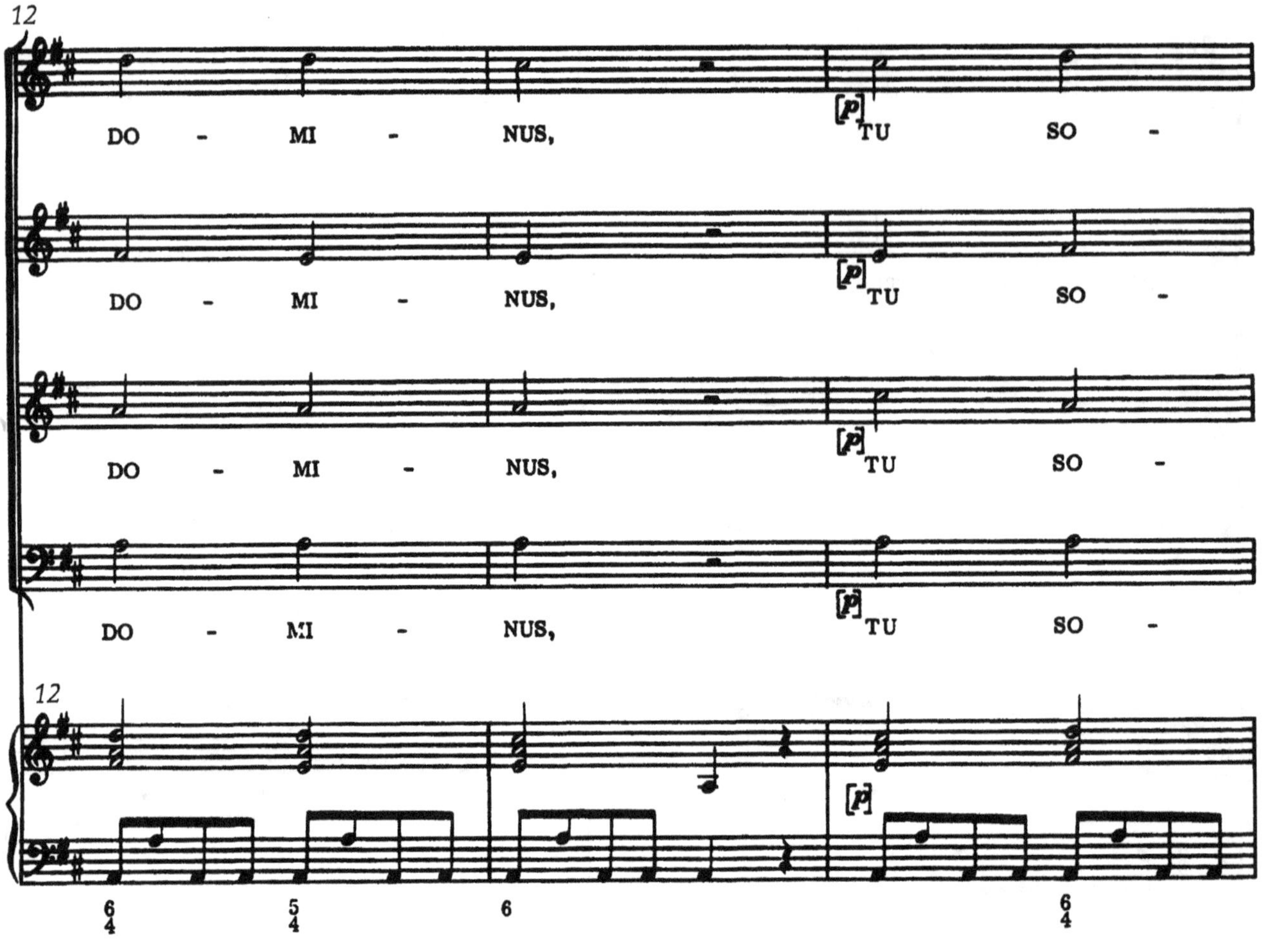
12
DO - MI - NUS, [p] TU SO -
DO - MI - NUS, [p] TU SO -
DO - MI - NUS, [p] TU SO -
DO - MI - NUS, [p] TU SO -
12
[p]
6 4 5 4 6 6 4

15
LUS AL - TIS - SI - MUS, [f] JE - SU
LUS AL - TIS - SI - MUS, [f] JE - SU
LUS AL - TIS - SI - MUS, [f] JE - SU
LUS AL - TIS - SI - MUS, [f] JE - SU
15
[f]
7 5 6 4 5 4 5

CHRIS - TE, JE - SU

CHRIS - TE, JE - SU

CHRIS - TE, JE - SU

CHRIS - TE, JE - SU

CHRIS - TE,

CHRIS - TE.

CHRIS - TE.

CHRIS - TE.

12. Cum Sancto Spiritu

MEN. A - MEN. A -

SPI - RI - TU IN GLO - RI - A DE - I PA - TRIS

CUM SAN-CTOSPI-RI-TU IN GLO-RI-A DE - I PA-TRIS IN GLO-RI-A DE - I

MEN. CUM SAN - CTO SPI - RI - TU,

DE - I PA - TRIS, A - MEN, A - - MEN,

PA - TRIS. A - MEN, A - - MEN, A -

CUM SAN-CTO

[f] Tutti

IN GLO - RI - A DE - I PA - TRIS,

A - MEN. A - MEN.

SPI - RI - TU IN GLO - RI-A DE - I PA - TRIS IN GLO-RI-A DE-I

[6] [#]

DE-I PA-TRIS. A - MEN.

A - MEN.

- - MEN.

PA- TRIS. A - MEN.

[6] 3 4 6
2 5

19

23

A – MEN, A –

CUM SAN-CTO SPI- RI-TU IN

CUM SAN – CTO SPI – RI – TU IN

A – MEN.

26
MEN. A - - - -
GLO - RI - A DE - I PA - TRIS, IN GLO- RI - A DE - I PA - TRIS.
GLO - RI - A DE - I PA - TRIS, DE - I PA - TRIS.
26
28
- MEN.
CUM SAN-CTO SPI - RI - TU IN
A - MEN. A - - MEN. A -
A - MEN. A - - - MEN. A - -
CUM SAN- CTO SPI - RI - TU IN
28
7 #6 5 6 4 5 6 #4 6

GLO-RI-A DE-I PA - TRIS. A - MEN.

- - - MEN.

- - - MEN.

GLO - RI - A DE-I PA-TRIS. A - MEN.

A -

CUM SAN - CTO

A -

72

19559

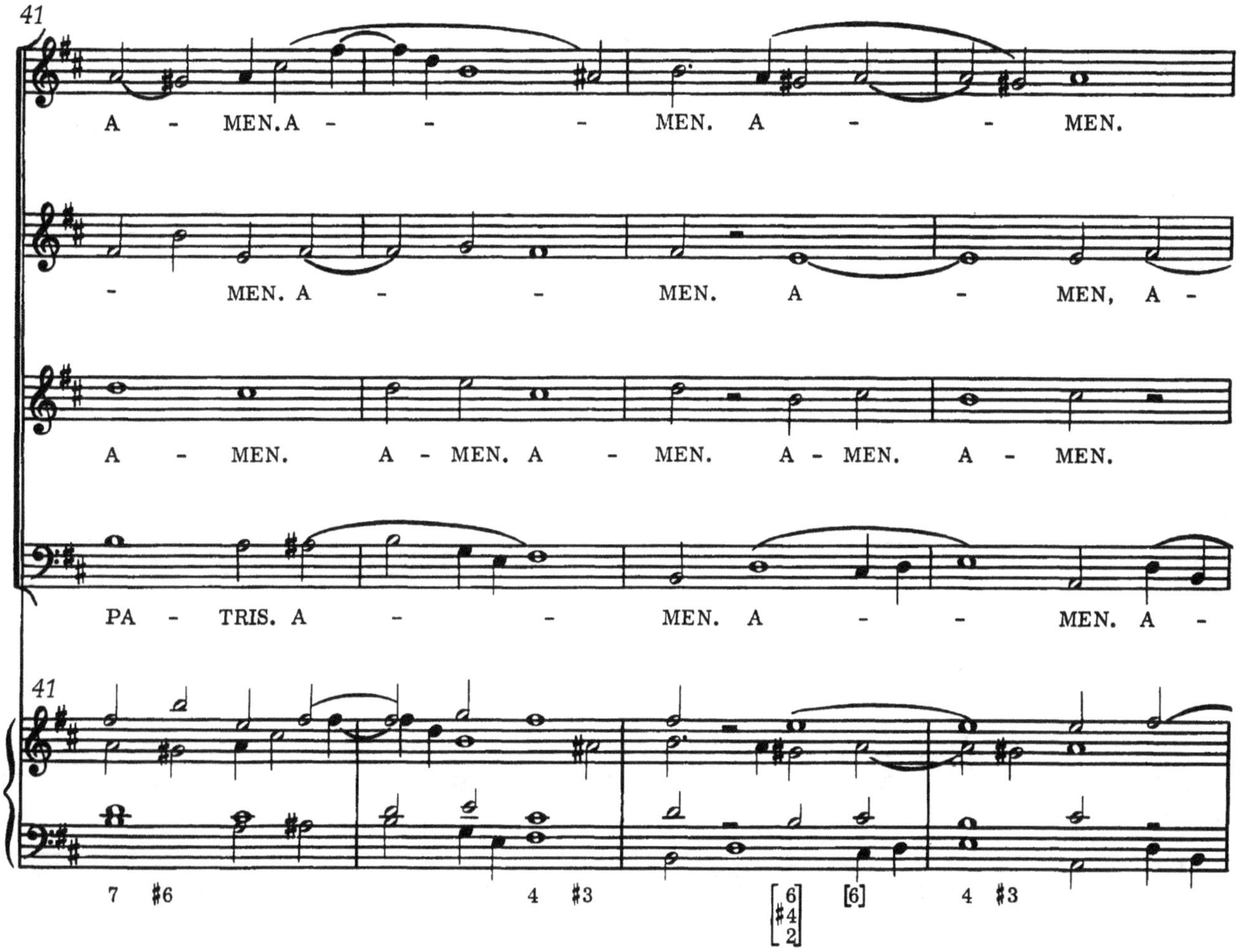
41
A - MEN. A - - - MEN. A - - MEN.
- MEN. A - - MEN. A - MEN, A -
A - MEN. A - MEN. A - MEN. A - MEN. A - MEN.
PA - TRIS. A - - MEN. A - - MEN. A -
41
7 #6 4 #3 6 #4 2 [6] 4 #3

45
A - MEN.
- MEN.
A - MEN.
- MEN.
45
4 #3 ♮3 [#3] # #

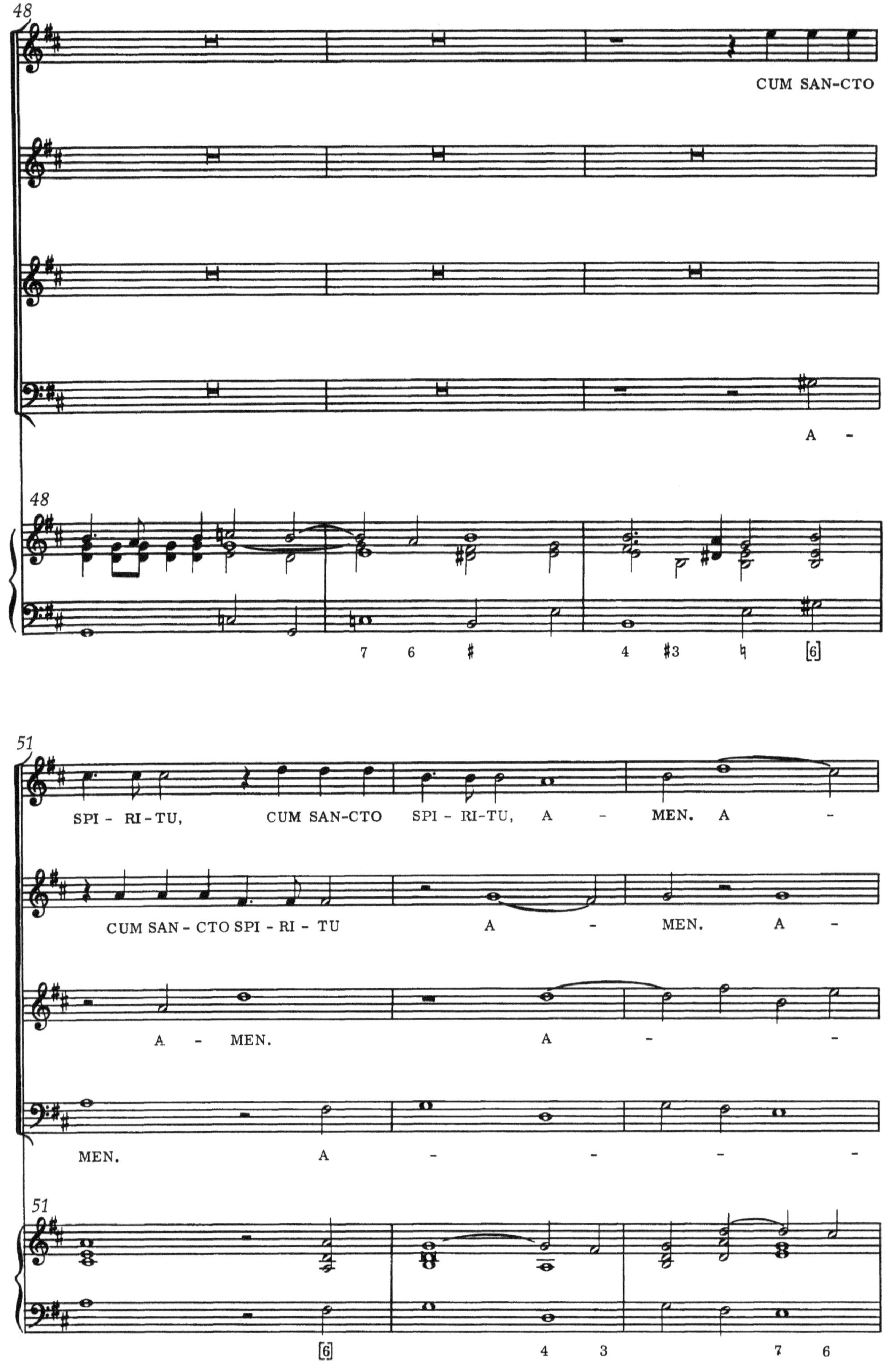
48
CUM SAN-CTO
A -
48
7 6 ♯
4 ♯3 ♮ [6]
51
SPI - RI - TU, CUM SAN-CTO SPI - RI - TU, A - MEN. A -
CUM SAN - CTO SPI - RI - TU A - MEN. A -
A - MEN. A - -
MEN. A - - - -
51
[6] 4 3 7 6

54
MEN. CUM SAN - CTO
MEN. CUM SAN-CTO SPI - RI-TU IN
MEN. CUM SAN-CTO SPI - RI-TU IN GLO-RI- A DE - I
MEN. CUM SAN - CTO SPI - RI -
54
6 4 6 5 5 6 [5] [6 #4]
57
SPI - RI - TU IN GLO - RI - A DE - I
GLO - RI -A DE - I PA - TRIS. A - MEN.
PA - TRIS. A - MEN. A - MEN.
TU CUM SAN- CTO SPI - RI - TU IN GLO - RI- A DE - I
57
[6] [6]

59
DE - I PA - TRIS, PA - TRIS, A - MEN. A - MEN.
A - MEN. A - MEN. A - MEN. A - -
- A - MEN. A - MEN. A - MEN. A -
PA - TRIS, IN GLO-RI- A DE - I PA - TRIS. A - MEN. A - -
59

62
A - MEN. A - MEN. A - MEN.
- MEN. A - MEN. A - - -
- MEN. A - MEN. A - MEN. A - - -
- - - MEN. A - - -
62

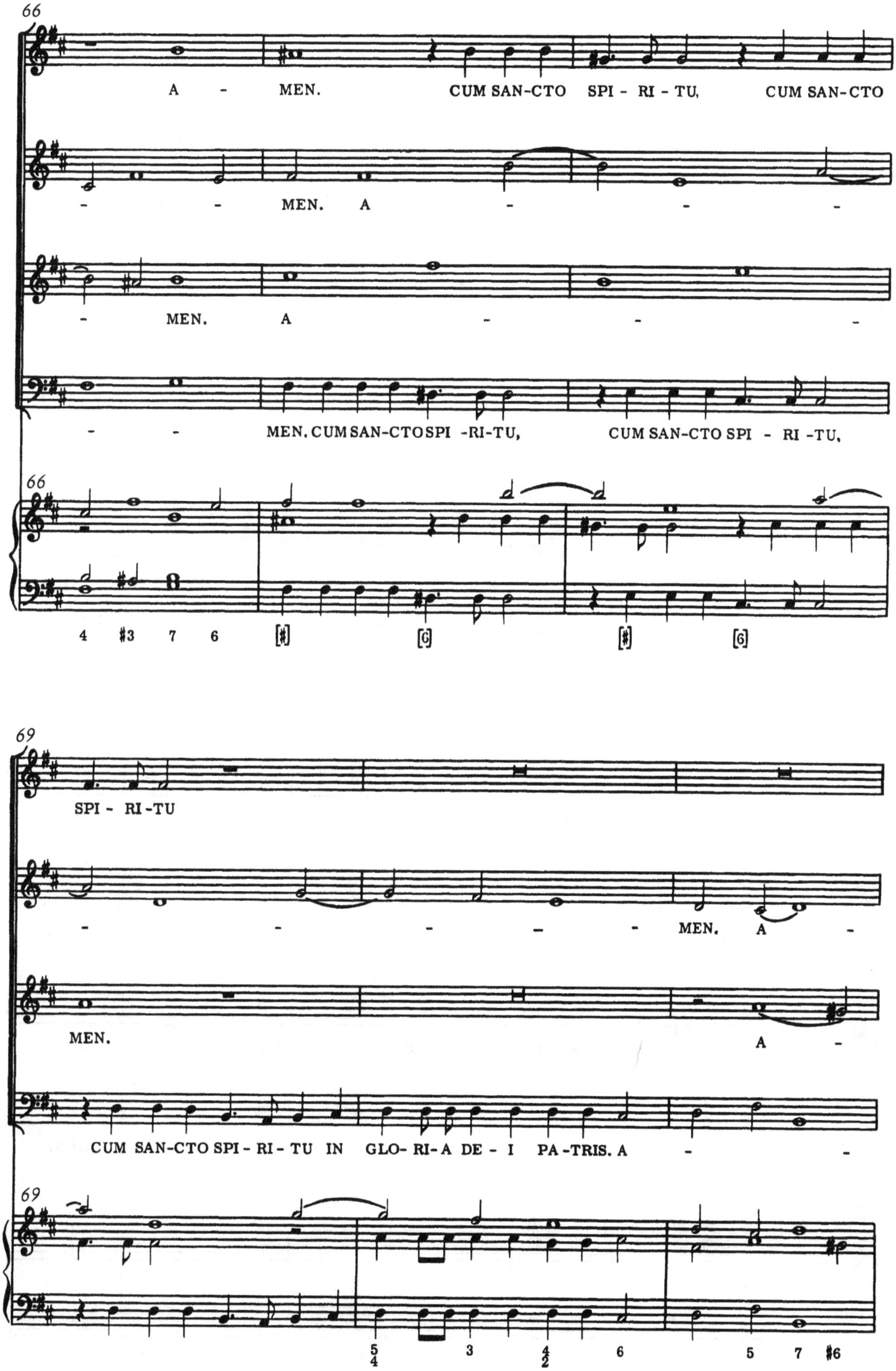
66
A - MEN. CUM SAN-CTO SPI - RI - TU, CUM SAN-CTO
- - MEN. A - - -
- MEN. A - - -
- - MEN. CUM SAN-CTO SPI -RI-TU, CUM SAN-CTO SPI - RI -TU,
66
4 #3 7 6 [#] [6] [#] [6]
69
SPI - RI -TU
- - - - - MEN. A -
MEN. A -
CUM SAN-CTO SPI - RI - TU IN GLO- RI- A DE - I PA -TRIS. A - -
69
5 4 3 4 2 6 5 7 #6

72
CUM SAN - CTO SPI - RI - TU IN GLO - RI - A
MEN. CUM SAN-CTO SPI - RI - TU IN GLO - RI-A DE - I
MEN. A - MEN. CUM SAN-CTO SPI - RI - TU IN GLO- RI -A DE - I
MEN. CUM SAN-CTO SPI - RI- TU IN GLO-RI- A DE - I
72
75
DE - I PA - TRIS. DE-I PA -TRIS. A - - - MEN.
PA - TRIS, IN GLO-RI-A DE - I PA - TRIS. A - - MEN.
PA - TRIS, IN GLO -RI- A DE - I PA - TRIS. A - MEN. A - MEN.
PA - TRIS IN GLO- RI- A DE - I PA - TRIS. A - MEN. A - MEN.
75
[6] ♯ 6 6 4 2 5 4 3

www.ingramcontent.com/pod-product-compliance
Lightning Source LLC
Chambersburg PA
CBHW082330070426

42450CB00013BA/3305